BEI GRIN MACHT SICH IHR WISSEN BEZAHLT

AF145741

- Wir veröffentlichen Ihre Hausarbeit,
  Bachelor- und Masterarbeit

- Ihr eigenes eBook und Buch -
  weltweit in allen wichtigen Shops

- Verdienen Sie an jedem Verkauf

Jetzt bei www.GRIN.com hochladen und kostenlos publizieren

Bibliografische Information der Deutschen Nationalbibliothek:

Die Deutsche Bibliothek verzeichnet diese Publikation in der Deutschen National-
bibliografie; detaillierte bibliografische Daten sind im Internet über http://dnb.d-
nb.de/ abrufbar.

Impressum:

Copyright © 2015 GRIN Verlag, Open Publishing GmbH
Druck und Bindung: Books on Demand GmbH, Norderstedt Germany
ISBN: 978-3-668-20388-4

Dieses Buch bei GRIN:

http://www.grin.com/de/e-book/320705/wissensmanagement-in-unternehmen-
state-of-the-art-der-forschung-zum-erfolg

Heiko Hemjeoltmanns

Wissensmanagement in Unternehmen. State-of-the-art der Forschung zum Erfolg von Wissensmanagementsystemen

GRIN Verlag

GRIN - Your knowledge has value

Der GRIN Verlag publiziert seit 1998 wissenschaftliche Arbeiten von Studenten, Hochschullehrern und anderen Akademikern als eBook und gedrucktes Buch. Die Verlagswebsite www.grin.com ist die ideale Plattform zur Veröffentlichung von Hausarbeiten, Abschlussarbeiten, wissenschaftlichen Aufsätzen, Dissertationen und Fachbüchern.

Besuchen Sie uns im Internet:

http://www.grin.com/

http://www.facebook.com/grincom

http://www.twitter.com/grin_com

FernUniversität in Hagen

State-of-the Art der Forschung zum Erfolg von Wissensmanagement in Unternehmen

Seminararbeit

Vorgelegt der Fakultät für Wirtschaftswissenschaft
der FernUniversität in Hagen
Lehrstuhl für Betriebswirtschaftslehre,
insbesondere Informationsmanagement

Von: Heiko Hemjeoltmanns

Abgabe am: 10.01.2015

Wintersemester 2014/15, 8. Studiensemester

Inhaltsverzeichnis

Abbildungsverzeichnis.. I I

Tabellenverzeichnis III

Abkürzungsverzeichnis.. IV

1 Einleitung und Motivation 5

2 Wissensmanagement und Wissensmanagementsysteme 7

3 Ergebnisse der Literaturstudie.. 8

   3.1 Einordnung der gefundenen Quellen 8

      3.1.1 Erfolgsmessung für WMS allgemein 9

      3.1.2 Modelle zur Erfolgsmessung von WMS in bestimmten Branchen, Organisationen oder Teilaspekten von WMS 14

   3.2 Vergleich und Synthese 16

      3.2.1 Differenziertheit der Beziehungen zwischen Erfolgs-Dimensionen 16

      3.2.2 Critical Success factors als Vorbedingung und Folge von Erfolg . 17

      3.2.3 Dimensionen von Erfolg: monetäre Größen und Ersatzgrößen ... 18

4 Fazit... 20

5 Literaturverzeichnis 21

Anhang: Tabelle Literaturauswertung 24

Abbildungsverzeichnis

Abbildung 3.1: Modell von Meier und Hädrich
(Quelle: in Anlehnung an Meier & Hädrich 2001, S.500)..........9

Abbildung 3.2: Modell von Kulkarni et al.
(Quelle: Kulkarni et al. 2006)...10

Abbildung 3.3: Modell von Jennex und Olfmann
(Quelle: Jennex&Smolnik, 2011). 10

Abbildung 3.4: Modell von Muhammed et al.
(Quelle: Muhammed et al., 2011)..12

Abbildung 3.5: Modell von Martin DeCastro et al.
(Quelle: Martin DeCastro et al., 2011)..................................12

Abbildung 3.6: Modell von Haas
(Quelle: in Anlehnung an Haas, 2011, S.190)......................13

Abbildung 3.7: Modell von Akhavan und Zahedi
(Quelle: (Akhavan & Zahedi, 2014)......................................14

Abbildung 3.8: CSF-Modell von Limapornvanich et al.
(Quelle: Limapornvanich et al., 2011). 15

Abbildung 3.9: Modell von Fink
(Quelle: Fink, 2011) 16

Tabellenverzeichnis

Tabelle 3.1: Items zu KM Lifecycle-Abschnitten, (Krishnaveni & Senthil Raja)...11

Tabelle 3.2: Einteilung nach Differenziertheit der Beziehungen.......................16

Abkürzungsverzeichnis

KM   Knowledge Management

KMS   Knowledge Management System

WM   Wissensmanagement

WMS   Wissensmanagementsysteme

CSF   Critical Success Factor

1 Einleitung und Motivation

Wissensmanagement und Wissensmanagement Systeme sind seit den späten neunziger Jahren Gegenstand verstärkter Forschung. Ausgehend von den Untersuchungen zur wachsenden Bedeutung von Wissen für Unternehmen (Nonaka & Takeuchi, 1995), gewann das Thema auch vor dem Hintergrund einer sich verändernden Gesellschaft zunehmend an Bedeutung. Einen Überblick über den damaligen Stand der Forschung geben Alavi und Leidner zu Anfang des Jahrtausends (Alavi & Leidner, 2001). Ein Einblick in die europäische Entwicklung von Wissensmanagement in Unternehmen und ein entsprechender Architekturentwurf finden sich einige Jahre später bei Riempp (Riempp, 2004).

Zunehmend begleitet wird die Forschung durch die Frage nach dem Beitrag von Wissensmanagement (WM) und Wissensmanagementsystemen (WMS) zum Erfolg des Unternehmens. Dies umso mehr, da WM viele Bereiche des Unternehmens betrifft und sich gleichzeitig in seinen Aus- und Wechselwirkungen nicht eindimensional betrachten lässt (Vgl.: Alavi & Leidner, 2001, p. 123).

Eines der ersten und zugleich bis heute wichtigsten Modelle zur Bestimmung des Beitrags von Informationssystemen zum Unternehmenserfolg entwickelten DeLone und McLean (DeLone & McLean, 1992). Dieses Modell wurde bis heute immer wieder aufgenommen und auch für WMS überarbeitet oder erweitert (Kulkarni, Ravindran, & Freeze, 2006; Wu & Wang, 2006). Eine Adaption für WM haben in Deutschland Maier und Hädrich vorgelegt (Maier & Hädrich, 2001).

Gleichzeitig wurde die Frage nach einer einheitlichen Definition für WM, WMS und insbesondere die Erfolgsmessung von WM aber weiterhin gestellt (Jennex, Smolnik, & Croasdell, 2008).

Der Erfolg von Wissensmanagementsystemen in Unternehmen wurde auch in den letzten Jahren weiter erforscht (Haas, 2011; Jennex & Smolnik, 2011; Mas-Macuca & Martinez Costa, 2012). Eine Zusammenfassung des gegenwärtigen Standes der Diskussion soll diese Arbeit geben. Diese Zielstellung soll in zwei Schritten bearbeitet werden:

1. Welche unterschiedlichen Positionen zum Thema lassen sich in der Literatur finden?
2. Wie lassen sich diese vergleichen und einordnen?

Zur Beantwortung soll eine Literaturstudie durchgeführt werden. Idealerweise würde diese die relevante Literatur der letzten Jahre erfassen und bewerten.

In Anbetracht des Umfanges dieser Arbeit sollen hier aber folgende Einschränkungen gemacht werden:

- Betrachtet werden die letzten fünf Jahre, also von 2009 bis heute.
- Es wird eine Meta-Suchmaschine verwendet, um die folgenden Datenbanken zu durchsuchen: Business Source Complete (EBSCO), EconLit Full-text (EBSCO), Emerald Management Xtra, WISO Wirtschaftswiss. (GBI-Genios), WISO Plus (GBI-Genios), SSG Wirtschaftswissenschaften, ECONIS - Deutsche Zentralbibliothek für Wirtschaftswissenschaften.
- Außerdem werden die folgenden Zeitschriften nochmals seperat durchsucht: Management Information Systems Quarterly, Information Systems Research, Wirtschaftsinformatik, Journal of Knowledge Management
- Folgenden Suchbegriffe werden als Schlagwortsuche und ggf. Freitextsuche kombiniert: *Knowledge Management* und *Success* sowie *Wissensmanagement* und *Erfolg*.

Um trotz dieser Einschränkungen keine wesentliche Literatur auszulassen, sollen darüber hinaus neben der systematischen Suche die Literaturverzeichnisse der gefundenen Quellen ausgewertet werden. Werden hier Beiträge besonders häufig zitiert oder wird auf ihre herausragende Bedeutung im Text hingewiesen werden sie ebenfalls mit einbezogen.

Die Ergebnisse der Studie werden im dritten Teil der Arbeit vorgestellt. Zunächst werden aber die Begriffe Wissensmanagement und Wissensmanagementsystem vorgestellt und für den Kontext dieser Arbeit definiert.

2 Wissensmanagement und Wissensmanagementsysteme

Für das Wissensmanagement existieren viele, noch uneinheitliche, Definitionen (Haas, 2011).

„Wissensmanagement umfasst den systematischen Einsatz von Instrumenten der Organisation sowie Informations- und Kommunikationstechnologien für ein gezieltes Aufbauen, Verfügbarmachen und Anwenden von Wissen zum Erreichen wohldefinierter Prozess- und Organisationsziele" (vgl. Smolnik, 2006, S. 33).

„Adopting a people-oriented perspective of KM, the authors define organizational knowledge as a dynamic process, of an essentially and inherently social and interactive nature, which demands active and committed participation and involvement by people" (Cardoso, Meireles, & Carlos Ferreira, p. 270).

Ohne sich für eine Definition entscheiden zu müssen, werden hier einige Elemente aus dem Aufsatz von Alavi und Leidner zu Grunde gelegt (Alavi & Leidner, 2001):

- Die Unterscheidung von *tacit Knowledge* als personen- und kontextgebundenem Wissen und *explicit Knowledge* als dokumentierter, abstrahierter und so nicht direkt verwertbarer Form[1]
- Damit einhergehend, die Unterscheidung von WM Funktionalitäten zum Wissensaustausch und zur Wissensverwaltung
- Die Unterscheidung der Phasen des WM-Prozesses in creating, storing/retrieving, transferring und applying (Alavi & Leidner, 2001)

Diese Unterscheidungen finden sich in ähnlicher Form häufig in der Literatur (Riempp, 2004). Für den Kontext dieser Arbeit sind sie ausreichend.

„Wissensmanagement-Systeme (WMS) sind Informationssysteme, die Aufgabenträger in Unternehmen [...] beim Wissensmanagement unterstützen." (Riempp, 2004, p. 117). Diesen technischen Komponenten des WM kommt nach Alavi und Leidner vor allem eine unterstützende Funktion zu (Alavi & Leidner, 2001, p. 114)

Jennex et al. dagegen betrachten *KM* und *KMS effectiveness* als austauschbar. Hiermit kommt den technischen Komponenten der WMS eine wichtige Bedeutung für die Erfolgsmessung zu (Jennex et al., 2008, p. 2). Aus diesem Grund werden auch im Folgenden WM und WMS gemeinsam betrachtet.

---

[1] Eine ähnliche Unterscheidung findet sich in den Bildungswissenschaften mit dem, im Anschluss an die PISA-Studie eingeführten, Kompetenzbegriff.

3 Ergebnisse der Literaturstudie

3.1 Einordnung der gefundenen Quellen

Insgesamt wurden 26 Quellen gefunden, von diesen wurden vier als nicht relevant eingestuft.

Die in den Quellen genannten Modelle werden in einem ersten Schritt danach geordnet, ob sie WMS ohne Einschränkungen betrachten oder sich auf Teilaspekte oder bestimmte Branchen konzentrieren. Zusätzlich werden ähnliche Modelle zusammenhängend, aus Platzgründen ggf. exemplarisch, betrachtet. Ein systematischerer Vergleich findet sich in Kapitel 3.2, eine Synopse der Quellen im Anhang Literaturauswertung.

In der Darstellung wurden, wie in der Literatur üblich, keine detaillierten Fragenkataloge oder Items zur Erfolgsermittlung von WMS aufgenommen, diese werden stattdessen zu Erfolgsdimensionen zusammengefasst, die für Klassen von ähnlichen Messwerten stehen. Detailliertere Darstellungen der jeweiligen Operationalisierungen finden sich zum Teil in den Quellen selbst (Kulkarni et al., 2006; Lindner & Wald, 2011; Wu & Wang, 2006).

Gründe für diese abstrahierende Betrachtung auf der Ebene von Erfolgsdimensionen, etwa CSFs als die für den Erfolg entscheidenden Faktoren, finden sich bei mehreren Autoren (Haas, 2011, pp. 83f.; Yu, Kim, & Kim, 2007 und Zack, McKeen, & Singh, 2009):

Zum einen werden hier die Auswirkungen von WMS auf viele Unternehmensbereiche genannt, die gerade langfristig nicht mit den traditionellen Mitteln des Controllings zu bewerten seien und eine mehrdimensionale Betrachtung erforderten. Zum anderen sei es bisher noch nicht befriedigend gelungen überhaupt eine monetäre Bewertung des WMS-Erfolgs zu bestimmen, so dass (mehrdimensionale) Ersatzmessgrößen nötig seien, z.b. eine indirekte Messung über die Nutzerzufriedenheit und andere Dimensionen die Teilaspekte des Erfolgs abdecken. In jedem Fall könnte der Erfolg von WMS nur über die gleichzeitige Betrachtung mehrerer Erfolgsdimensionen aussagekräftig bestimmt werden. Diese erfassen zudem häufig nur qualitative Werte, da eine Bewertung über quantifizierbare monetäre Größen bisher nicht gelungen sei

Daneben finden sich jedoch auch Versuche, den Nutzen von WMS zunehmend auch in besser vergleichbaren quantitativen z.T. monetären Größen zu bewerten, z.B. mit Business Cases oder im Rahmen von Bestimmungen des Wissensvermögens (Hage-Malsch & Heimlicher, 2009; Jennex & Smolnik, 2011; Smolnik, 2007). Auch hier werden aber in der Regel mehrere Dimensionen von Erfolg betrachtet.

3.1.1 Erfolgsmessung für WMS allgemein

Unter denjenigen Modellen, die WMS ohne Einschränkungen betrachten, finden sich einige, die das DeLone&McLean-Modell auf den Bereich WMS übertragen: Eine explizite Übertragung stellt das Modell von Meier und Hädrich in Abbildung 3.1 dar (Maier & Hädrich, 2001):

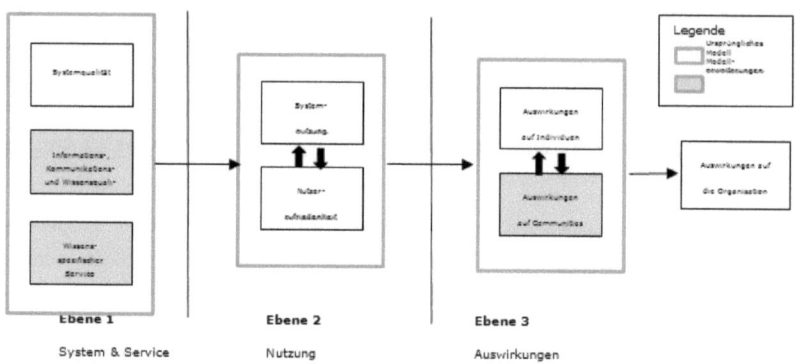

Abbildung 3.1: Modell von Meier und Hädrich (Quelle: in Anlehnung an Meier & Hädrich 2001, S.500)

Das Modell unterscheidet die Ebenen System und Service, Nutzung sowie Auswirkungen. Die Systemebene wurde für WMS um die Dimensionen *Informations-, Kommunikations- und Wissensqualität* sowie um *Wissensspezifische Services* erweitert. Diese Ebene beeinflusst die Systemnutzung und Nutzerzufriedenheit, die wiederum Einfluss auf die Ebene der Auswirkungen haben. Auf dieser letzten Ebene haben die Autoren das Modell von DeLone&McLean ebenfalls erweitert. Die Dimension *Auswirkungen auf Communities* erfasst den für WM wichtigen Aspekt des Austausches innerhalb von Gruppen. Dieser ist nach Meier und Hädrich kennzeichnend für, an implizitem Wissen ausgerichtes, humanorientiertes WM - im Gegensatz zum technologieorientierten WM. In den Auswirkungen auf die Organisation werden auch finanzwirtschaftliche Kennzahlen mit einbezogen. Ein weiterer Ansatz, der auf dem DeLone&McLean Modell beruht, siehe Abbildung 3.2, stammt von Kulkarni et al. (Kulkarni et al., 2006)

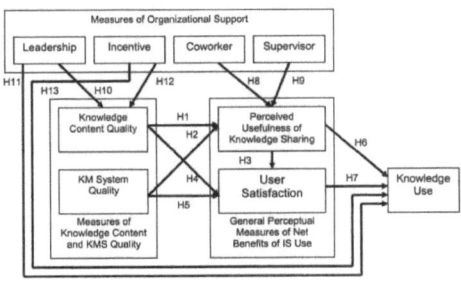

Abbildung 3.2: Modell von Kulkarni et al. (Quelle: Kulkarni et al. 2006)

Hier wird Erfolg durch die Nutzung des Systems beschrieben. Diese hängt von dem erwarteten Nutzen des WM und der Nutzerzufriedenheit ab, die wiederum von der Systemqualität und der Qualität der Inhalte bestimmt werden. Beide Gruppen werden von der Unterstützung aus der Organisation beeinflusst.

Vergleichbare Modelle finden sich auch bei Wu & Wang (Wu & Wang, 2006) und Yu et al. (Yu et al., 2007). Auch hier dient die Nutzerzufriedenheit bzw. die Systemnutzung (Wu und Wang) als Ersatz für eine quantifizierbare monetäre Bestimmung des WMS-Erfolgs. Yu et al. betonen im Unterschied zu den vorherigen Modellen die Bedeutung der KM-Team Aktivitäten für den Erfolg.

Ein weiteres bekanntes Modell zur Bestimmung des WMS-Erfolgs auf der Basis von DeLone&McLean entwickelten Jennex und Olfmann (Jennex & Olfmann). Den Aufbau zeigt Abbildung 3.3:

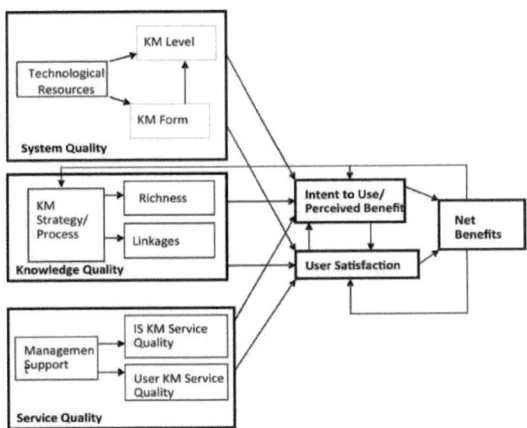

Abbildung 3.3: Modell von Jennex und Olfmann (Quelle: Jennex&Smolnik, 2011).

Hier findet sich mit der Service-Qualität ein weiterer Einflussbereich, der teilweise den *Wissensspezifischen Services* bei Meier und Hädrich entspricht. Die von der Nutzerzufriedenheit und den Einstellungen gegenüber der Nutzung abhängigen *Net Benefits* dienen hier der Erfolgsbestimmung. Hierunter verstehen die Autoren Faktoren die den Einfluss von WM auf die individuelle und organisationale Produktivität messen.

Eine andere Ordnung wählen Krishnaveni et al (Krishnaveni & Senthil Raja, 2009): Sie untersuchten den positiven Einfluss von Items, die sie den Abschnitten eines KM-Lifecycle Modells zuordneten, auf *Organisational Benefits,* die wiederum aus den individuellen, Gruppen- und Organisation-Erwartungen an die Effektivität des WMS gebildet wurden. Die Abschnitte des KM-Lifecycles und beispielhafte Items zeigt die folgende Tabelle 3.1:

KM-Lifecycle Step	KAcquire:	KShare:	KOrganize:	KApply	KStore:	KCreat	KAccess:
Item (Beispiel)	Lessons learnt through adaption of various formal management strategies are documented and transformed to knowledge...	The results of knowledge base analysis is applied to the situation to which it is needed...	The K portal is spanned across various categories to all organizational users with adequate categorization of information ...	Does your organization conduct K Sharing seminar and publish the presentations and documents for all the people...	Information technology online and offline tools helps us for KM...	Employees are given liberty to create their own KM elements like code snippets, process improvements in the knowledge base...	All employees are allowed access to only that part of knowledge to which they are entitled to.

Tabelle 3.1: Items zu KM Lifecycle-Abschnitten, (Krishnaveni & Senthil Raja)

Die Zuordnung von CSFs zu bestimmten Prozessschritten verwenden auch Asoh et al. in ihrer Variante des Knowledge Management Index (Asoh, Belardo, & Crnkovic): Hier werden den *Knowledge Management Processes* (KMPs) *Identification, Elicitation, Dissemination* und *Utilization* die vier CSFs *Technology, Leadership, Culture* und *Measurement* mit ihren jeweiligen Items zugeordnet. Der hieraus bestimmte *KMI,* als Maß für das WM-Engagement eines Unternehmens, hat wiederum Auswirkungen auf die *Organizational Performance,* die über nicht finanzielle Messwerte operationalisiert wird.

Im gleichen Sammelband, in dem dieser Aufsatz veröffentlicht wurde, (Jennex & Smolnik, 2011) finden sich mehrere Ansätze, die die individuellen Kompetenzen des Mitarbeiters als Wissensvermögen (*knowledge asset*) betrachten. Diese können als Ausgangspunkt für die Erfolgsmessung von WMS, z.B. über Intellectual Capital Berechnungen, Wissensbilanzen, Balanced Scorecards u.a., genutzt werden (Haas,

2011, pp. 37–38; Lehner, 2014, pp. 233–250; Martin DeCastro, Lopez Saez, Navas Lopez, & Delgardo-Verde, p. 180):

Freeze und Kulkarni (Freeze & Kulkarni) etwa bestimmen vier *Knowledge capabilities* (*Lessons, learned, Knowledge Documents, Expertise* und *Data*), die auf individuellen *Knowledge assets* basieren und über Operationalisierungen wie die Existenz von Taxonomien, die Auffindbarkeit von Wissen oder die Qualität der Wissensspeicherung gemessen werden. Die *Knowledge Capabilities* stehen jeweils für eine bestimmte Art von Wissen. Sie können nach Ansicht der Autoren als Grundlage für eine am Wissensbegriff orientierte Erfolgsmessung dienen, die auch standardisierte Vergleiche erlaubt (Freeze & Kulkarni, pp. 128–129).

Muhammad et al. bestimmen dagegen die individuelle Produktivität in ihren Ausprägungen Performance und Innovation. Diese werden bestimmt durch *Task Knowledge* mit den Dimensionen *Conceptual, Contextual* und *Operational Knowledge* wie Abbildung 3.8 zeigt.

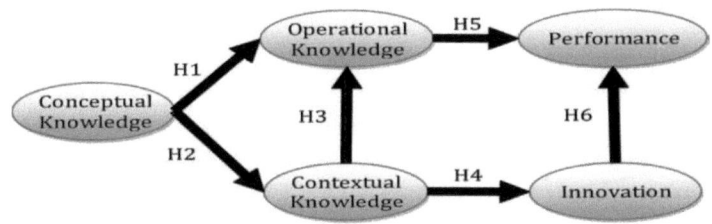

Abbildung 3.4: Modell von Muhammed et al. (Quelle: Muhammed et al., 2011).

Martin De Castro et al. (Martin DeCastro et al.) bestätigen die Einteilung des *Intellectual Capital* eines Unternehmens (siehe Abbildung 3.4) in *Human Capital*, also die Mitarbeiterkompetenzen, sowie das *Relational Capital* (unterteilt in *Business Capital* und *Alliance Capital*) und das *Structural Capital*:

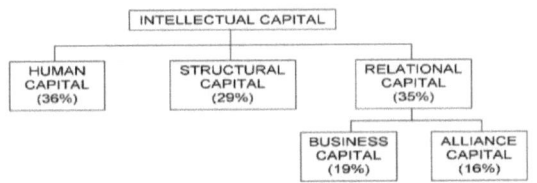

Abbildung 3.5: Modell von Martin DeCastro et al. (Quelle: Martin DeCastro et al., 2011).

Die Autoren betonen hier besonders des Wert des *Human Capitals (Martin DeCastro et al., p. 187)*.

Das ebenfalls in diesem Band veröffentlichte Model von Fink (Fink) setzt ebenfalls am *Knowledge Worker* an, wird aber weiter unten vorgestellt, da es sich auf kleine und mittlere Unternehmen beschränkt.

Ein weiteres Modell zur Erfolgsbestimmung von WMS findet sich bei Moghaddam et al. (Moghaddam, Mosakhani, & Alabeiki, 2013): Als Messgröße für den Erfolg dient hier der *Competitive Advantage*-Wert, definiert als die Fähigkeit, Return on Investment konstant über dem Branchendurchschnitt zu erzielen. Die Autoren untersuchen den Einfluss verschiedener CSFs auf WM als *organizational capability* und stellen zudem einen signifikanten Zusammenhang mit der Erfolgs-Messgröße *CA* fest. Wechselseitige Einflüsse zwischen den CSFs oder Erfolgsdimensionen, wie in den obigen Modellen, werden hier nicht untersucht. Die CSFs werden folgendermaßen eingeteilt:

Human factors (culture, people, leadership), Organizational factors (process, structure), Technological factors (infrastructure, applications) und *Management process (strategy/goals, measurement)*

Haas (Haas, 2011) ermittelt, auf der Basis der *Theory of planned behaviour* und der Indikatorenliste der *Know Metrix* (Lehner, 2014, p. 248), ein Modell mit überwiegend linearen Kausalitäten: *Wissensmanagementerfolg* wird zunächst durch *Leistungsfähigkeit* und danach durch *Leistungsbereitschaft* bewirkt. Die weiteren CSFs und ihre Abhängigkeiten zeigt Abbildung 3.6.

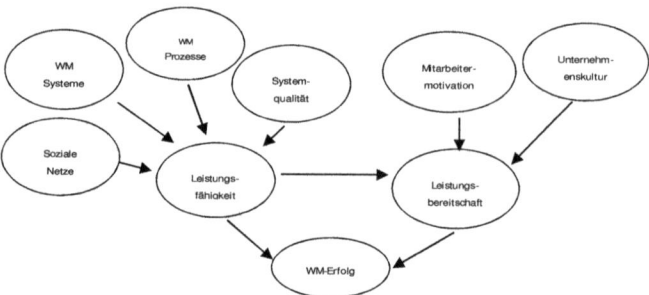

Abbildung 3.6: Modell von Haas (Quelle: in Anlehnung an Haas, 2011, S.190)

Bei den betrachteten Modellen wird deutlich, dass einige CSFs immer wieder genannt werden. Jennex et al. (Jennex et al., 2008) haben eine Liste von häufig genannten CSFs aus der Literatur erstellt. Sie unterscheiden dabei CSFs, die Vorbedingung für den Erfolg sind und solche, die als Messwert für, oder Reflektion von, Erfolg dienen können. Als Messwerte können demnach *Impact on business processes, Impact on strategy, Leadership* und Knowledge *content* gelten.

3.1.2 Modelle zur Erfolgsmessung von WMS in bestimmten Branchen, Organisationen oder Teilaspekten von WMS

Ein Modell, bei dem WMS-Erfolg ebenfalls direkt von strategischen, kulturellen und technologischen CSFs abhängt, entwickelten Mas Machuca und Martinez Costa für Consulting Unternehmen (Mas-Macuca & Martinez Costa, 2012). Der WMS Erfolg wird hier gemessen in „...terms of organisational performance: innovative ability and activity, customer satisfaction, competitive capacity and position in the market, service and process quality, productivity and sales, and employee satisfaction and skills". (Mas-Macuca & Martinez Costa, 2012, p. 1306)

Auch Lindner und Wald (Lindner & Wald, 2011) nutzen einen ähnlichen Modellaufbau, diesmal für projektbasierte Unternehmen. Als Messgröße für den Erfolg dient hier die Effektivität des WMS, die sich neben der Effektivität auch aus dem erwarteten Nutzen und der Nutzerzufriedenheit mit dem System zusammensetzt.

Weitere, zum Teil sich überschneidende, CSFs für WMS in projektbasierten Unternehmen finden sich bei Ajmal et al. (Ajmal, Helo, & Kekäle, 2010).

Eine andere Anordnung für CSFs in projektbasierten Unternehmen findet sich bei Akhavan und Zahedi (Akhavan & Zahedi, 2014). Die Autoren unterscheiden allgemeine Faktoren und solche innerhalb des WMS wie in Abbildung 3.5 dargestellt:

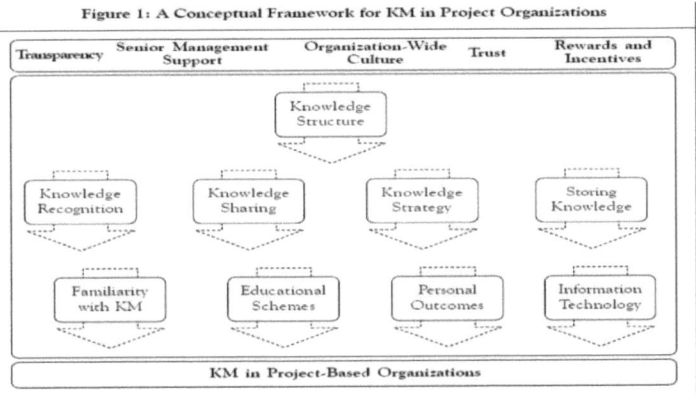

Abbildung 3.7: Modell von Akhavan und Zahedi (Quelle: (Akhavan & Zahedi, 2014).

Die Faktoren folgen hier dem Wissensfluss. Anschließend werden sie nach ihrer Bedeutung in den Projektphasen geordnet.

Eine ähnliche Unterscheidung von umgebenden und internen Einflussgrößen auf WM wählen Limapornvanich et al. für eine Untersuchung von WM im Kontext von Innovation-Management (Limapornvanich, Gannon, & Lumbers). Abbildung 3.6 zeigt die Einflussgrößen und ihre Zuordnung:

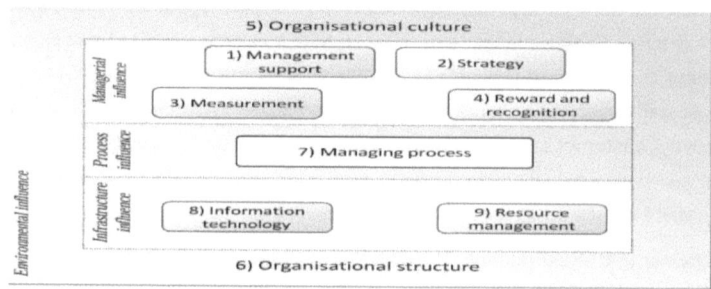

Abbildung 3.8: CSF-Modell von Limapornvanich et al. (Quelle: Limapornvanich et al., 2011).

Eine Untersuchung von CSFs für WMS in der malaysischen Tourismusindustrie bestätigt viele der genannten CSFs auch für diesen Bereich (Subramanima, Moganadas, & Anbananthan).

Einen Ansatz der auch quantifizierte monetäre Größen mit einbezieht wählt Smolnik für CMS-Systeme (Smolnik, 2007). Den Investitionen für ein System wird hier der quantifizierte Nutzen auf Basis von Schätzungen gegenübergestellt, etwa die vermutliche Einsparung von Personalstunden für eine bestimmte Arbeit bei Einführung eines CMS. Den Einsatz von Business Cases zur Bewertung von WMS empfehlen auch Hage-Malsch und Heimlicher (Hage-Malsch & Heimlicher, 2009).

Das oben erwähnte Modell von Fink (Fink) wählt, wie beschrieben, die individuellen Kompetenzen als Ausgangspunkt. Fink bestimmt das Wissenspotential des Mitarbeiters über seine individuellen Voraussetzungen und diejenigen der Organisation. Die so bestimmten Wissenspotenziale dienen der Bestimmung der Auswirkungen auf die Performance des gesamten kleinen bis mittelgroßen Unternehmens. In Abbildung 3.7 wird zudem deutlich, dass die individuellen Voraussetzungen (*knowledge momentum*) und die organisatorischen (*knowledge position*) durch die Güte und Schnelligkeit des Problemlösungsprozesses des Mitarbeiters *(knowledge velocity)* beeinflusst werden (Fink, p. 100).

15

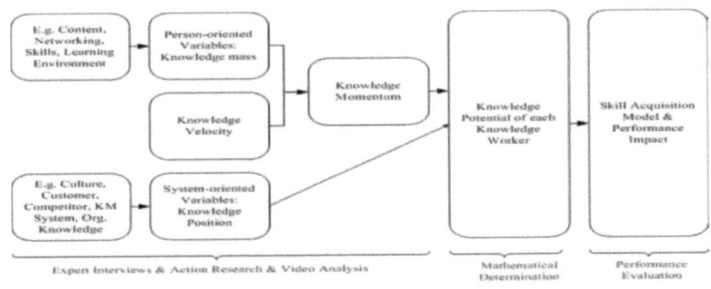

Abbildung 3.9: Modell von Fink (Quelle: Fink., 201

3.2 Vergleich und Synthese

Die obige Einteilung ist nur vorläufig. Im Weiteren soll versucht werden, die Modelle nach dem Grad der Differenziertheit der Beziehungen zwischen den Erfolgsdimensionen und der Betrachtung von CSFs sowie den Bestimmungsgrößen für den WMS-Erfolg einzuteilen und zu bewerten.

3.2.1 Differenziertheit der Beziehungen zwischen Erfolgs-Dimensionen

Die Modelle unterscheiden sich im Grad der dargestellten Beziehungen zwischen den Erfolgsdimensionen. Einige Modelle beschreiben einen einfachen Wirkungsmechanismus von CSFs und aus diesen folgenden Erfolgskategorien, andere beschreiben komplexere kausale und auch temporale Wechselbeziehungen.

Einfache Folgebeziehung: CSFs oder andere Erfolgsdimensionen bzw. deren vorgelagerte Größen führen zu Messgröße für Erfolg	Differenziertere Beziehungen, Wechselbeziehungen zwischen Erfolgsdimensionen untereinander und mit der Messgröße für Erfolg
(Ajmal et al., 2010) (Lindner & Wald, 2011) (Mas-Macuca & Martinez Costa, 2012) (Moghaddam et al., 2013) (Subramanima et al, 2013.)	(Martin DeCastro et al.) (Akhavan & Zahedi, 2014) (Asoh et al.) (Fink) (Freeze & Kulkarni) (Haas, 2011) (Hage-Malsch & Heimlicher, 2009) (Jennex & Olfmann) (Krishnaveni & Senthil Raja) (Kulkarni et al., 2006) (Maier & Hädrich, 2001) (Muhammed, Doll, & Deng) (Wu & Wang, 2006) (Yu et al., 2007) (Limapornvanich)

Tabelle 3.2: Einteilung nach Differenziertheit der Beziehungen

Differenziertere Beziehungen zwischen den einzelnen Erfolgsdimensionen bestehen z.b. bei den an DeLone und McLean angelehnten, erklärenden Modellen. Auch die an *knowledge assets* orientierten Ansätze gehören hierher. Akhavan und Zahedi bzw. Limapornvanich et al untersuchen vor allem das Verhältnis der CSFs und unterscheiden zwischen umgebenden und internen CSFs.

3.2.2 Critical Success factors als Vorbedingung und Folge von Erfolg

Die untersuchten Quellen stimmen weitgehend in den Dimensionen überein, in die die kritischen Erfolgsfaktoren des Wissensmanagement eingeordnet werden können (Haas, 2011). Die größte Schnittmenge findet sich z.b. bei Technologie, Management, personenabhängigen CSFs und solchen die die Unternehmenskultur betreffen.

Nicht immer ist dabei allerdings deutlich, inwiefern diese zur Bewertung von WM dienen können: Messbarer Erfolg von WM bewertet dieses im Anschluss an seine Einführung. CSFs dagegen bestimmen die Einflüsse, die eine Einführung von KM erfolgreich machen.

Beides ist nicht deckungsgleich, da ein kritischer Faktor bei der Einführung eines KM nicht zwangsläufig dazu verwendet werden kann den Erfolg des KM zu messen.

Dennoch existiert zumindest ein Zusammenhang: wenn die Arbeit mit den KM erfolgreich ist, so müssen zuvor die richtigen CSF gewählt worden sein. Und wenn die CSF richtig gewählt wurden, so ist das KM erfolgreich.

Jennex et al. unterscheiden die CSFs in solche, die eine notwendige Vorbedingung für (dauerhaften) Erfolg sind (z.B. aus dem Bereich Unternehmenskultur) und solche, die sich mit auftretendem Erfolg auch kurzfristig ändern (z.B. aus dem Bereich Führung). Diese könnten zur Erfolgsmessung herangezogen werden. (Jennex et al., 2008). Yu, Kim und Kim unterscheiden ähnlich zwischen KM-Drivers und Performance of KM (Yu et al., 2007). Ajmal et al. sprechen von Enablers und Indicators of Success (Ajmal et al., 2010, pp. 158–159).

Die unter 3.2.1 auf der linken Tabellenseite aufgeführten Modelle unterscheiden in der Regel nicht zwischen CSFs als Vorbedingung und als, zur Messung geeignete, Folge von Erfolg. Sie beschreiben damit vorwiegend die Faktoren, die zu einer erfolgreichen Einführung und zum erfolgreichen Betrieb von WMS nötig sind. Eine genauere Erfolgsmessung, die auch z.B. Vergleiche ermöglichen würde, ist aufgrund dieser Vermischung von Vorbedingungen und messbaren Folgen schwierig.

3.2.3 Dimensionen von Erfolg: monetäre Größen und Ersatz- größen

Eine weitere Unterscheidung der beschriebenen Modelle ist die Einteilung nach den Erfolgsdimensionen, die jeweils vorwiegend zur Messung des Erfolges von WMS verwendet werden. Die aussagekräftigste Messung wäre diejenige über eindeutig zuzuordnende finanzielle Größen (Haas, 2011, p. 213). Aus den unter 3.1 gennann- ten Gründen existiert dafür jedoch bis heute kein akzeptierter Standard.

Die beschriebenen Modelle lassen sich also danach gliedern, ob und bis zu welchem Grad sie quantifizierbare (finanzielle) Messgrößen verwenden bzw. was sie stattdes- sen vorwiegend als Ersatzgrößen verwenden.

Am deutlichsten werden monetäre Größen in den Business Cases, die Hage- Malsch und Heimlicher für die Bewertung von WMS empfehlen (Hage-Malsch & Heimlicher, 2009). Smolnik nutzt diese als ergänzende Bewertung bei der Analyse von Nutzen- potentialen und Performancemessungen für CMS Systeme (Smolnik, 2007). Da Bu- siness Cases hier auch bei Teilsystemen nicht zur alleinigen Bewertung dienen, bleibt die Frage, in wie weit diese auch bei der Beurteilung von komplexeren WMS über einen längeren Zeitraum praktikabel sind. Die Ergänzung von finanziellen Messgrößen und quantifizierbaren Größen von Effizienz und Effektivität von WMS findet sich auch bei Lindner und Wald (Lindner & Wald, 2011) sowie Riempp (Riempp, 2004). Ebenfalls explizit berücksichtigt wird der *financial return* bei Ajmal et al. Eine, noch nicht endgültig bestimmte, Verbindung zwischen CSFs und der *Competitive Advantage* als finanzieller Messgröße stellen Moghaddam et al. her (Moghaddam et al., 2013).

Diejenigen Modelle, die sich an DeLone und McLeans System zur Beurteilung von IS-Systemen anlehnen, wählen meist Nutzerzufriedenheit oder erwarteten Nutzen des Systems und daraus abgeleitet die Systemnutzung als Bewertungsgröße. Be- gründet wird dies mit der Überlegung, dass ein WMS dann erfolgreich ist, wenn es genutzt wird und umgekehrt (Haas, 2011; Kulkarni et al., 2006; Wu & Wang, 2006; Yu et al., 2007). Jennex und Olfmann verwenden zusätzlich die Erfolgsdimension *Net Benefits* (Jennex & Olfmann), die Einflüsse auf die Produktivität beschreibt. Meiner und Hädrich verwenden auch finanzwirtschaftliche Kennzahlen bei der Er- folgsdimension *Auswirkung auf die Organisation* (Maier & Hädrich, 2001).

Weitere Erfolgsbestimmungen über nicht oder überwiegend nicht finanzielle Er- folgsgrößen finden sich bei Mas Machuca et al. mit *den terms of organisational per- formance* (Mas-Macuca & Martinez Costa, 2012). Die, über nicht finanzielle Mess- werte bestimmte, *Organizational Performance*, ist auch bei bei Asoh et al. mit dem

KMI (Asoh et al.) verbunden. Krishnaveni und Raja bestimmen ähnlich die *Organisational Benefits* (Krishnaveni & Senthil Raja).

Werden CSFs direkt zur Erfolgsmessung genutzt, so eignen sich dazu aus den o.g. Gründen die von Jennex und Olfmann vorgeschlagenen *Impact on business processes, Impact on strategy, Leadership* und *Knowledge content* (vgl. 3.2.2). Hier lassen sich quantifizierbare (monetäre) Messgrößen nicht eindeutig feststellen.

Einen weiteren Ansatz bilden diejenigen Modelle, die an den individuellen Fähigkeiten der *Knowledge Worker* und den davon abgeleiteten Größen *Human Capital, Intellectual Capital, Knowledge Potential* oder *Knowledge Assets* ansetzen (Asoh et al.; Fink; Freeze & Kulkarni; Muhammed et al.). Einige Autoren sprechen hier zunächst von der Möglichkeit mit ihren Modellen WM-Erfolg messen zu können (Muhammed et al., Freeze und Kulkarni). Fink setzt das ermittelte Wissens-Potential des Mitarbeiters mit dem Einfluss auf die Performance des Unternehmens in Verbindung (Fink. 2011). Muhammed et al. sehen Performance und Innovation des Mitarbeiters als Messgröße (Muhammed et al., p. 108). Im Rahmen von Intellectual Capital Berechnungen können diese *knowledge assets* auch monetär bewertet werden. Hier existieren verschiedene auch praktisch erprobte Ansätze. Zur weiteren Information können die auf Seite 12 genannten Quellen dienen.

4 Fazit

Zur Beantwortung der Frage nach dem Stand der Erfolgsmessung für WMS wurden ein eingeschränkter Bereich der Literatur von 2009 bis heute und ausgewählte ältere Quellen gesichtet. Es wurden 22 Quellen ausgewählt, fünf davon orientieren sich am DeLone und McLean Modell zur Bewertung von Informationssystemen. Vier wählen die *knowledge assets* der Mitarbeiter als Ausgangspunkt für Messungen (zum Beispiel für Berechnungen des *Intellectual Capitals*). Zwei weitere Ansätze ordnen CSFs bestimmten Prozessschritten zu. Acht betrachten CSFs und eine von diesen (direkt) abhängige Erfolgsmessgröße. Eine betrachtet ausschließlich das Verhältnis von CSFs und zwei integrieren Business Cases als finanzielle Messgröße in die Analyse.

Einen Vergleich und eine Bewertung im Hinblick auf ihren Einsatz erlaubt diese Einteilung jedoch noch nicht, da sich die Modelle innerhalb dieser Gruppen noch deutlich unterscheiden können.

Daher wurden in einem zweiten Schritt die Modelle nach drei Gesichtspunkten eingeteilt. Zunächst wurden fünf Modelle unterschieden, bei denen die Erfolgsmessgröße überwiegend direkt von den CSFs abhängt. Dem gegenüber standen 17 Modelle, die auch Wechselbeziehungen zwischen CSFs und CSFs und Erfolgsmessgrößen betrachten.

Außerdem wurde untersucht, ob zwischen CSFs als Vorbedingung und Folge von Erfolg unterschieden wird. Dies lässt sich bei drei Quellen feststellen. Modelle die einen direkten Zusammenhang von CSFs und Erfolgsmessgröße unterstellen und dabei Vorbedingung und Folge vermischen, erschweren vermutlich eine praktikable Bewertung.

Schließlich wurden die Messgrößen für Erfolg betrachtet. Dabei wurde unterstellt, dass eine quantifizierbare, nach Möglichkeit finanzielle, Messgröße die Bewertung von WMS am einfachsten machen würde (aber bisher nicht ermittelbar war). Sieben Modelle arbeiten hier auch mit finanziellen Messgrößen. Fünf Modelle messen die Performance des Unternehmens z.T. in quantitativen Werten. Vier verwenden die Nutzung oder die Nutzerzufriedenheit als maßgebliche Messgröße.

5 Literaturverzeichnis

Ajmal, M., Helo, P., & Kekäle, T. (2010). Critical factors for knowledge management in project business. *Journal of Knwoledge Management, 14*(1), 156–168.

Akhavan, P., & Zahedi, M. R. (2014). Critical Success Factors in Knowledge Management Among Project-Based Organizations: A Multi-Case Analysis. *IUP Journal of Knowledge Managment, XII*(1), 20–38.

Alavi, M., & Leidner, D. E. (2001). Knowledge Managment and Knowledge Management Systems: Conceptual Foundations and Research Isues. *MIS Quarterly, 25*(1), 107–136.

Asoh, D. A., Belardo, S., & Crnkovic, J. Assessing Knowledge Management: Refining and Cross-Validating the Knowledge Management Index (KMI) using Structural Equation Modeling (SEM) Techniques. In *Strategies for knowledge management success. Exploring organizational efficacy (pp. 150-178).*

Cardoso, L., Meireles, A., & Carlos Ferreira, P. Knowledge Management and its critical factors in social economy organizations. *Journal of Knwoledge Management, 16*(2), 267–284.

DeLone, W., & McLean, E. R. (1992). Information Systems Success: The Quest for the Dependent Variable. *Information Systems Research*, (3), 60–92.

Fink, K. Process Model for Knowledge Potential Measurement in SMEs. In *Strategies for knowledge management success. Exploring organizational efficacy (pp.91-105) .*

Freeze, R., & Kulkarni, U. R. Validating Distinct Knowledge Assets: A Capability Perspective. In *Strategies for knowledge management success. Exploring organizational efficacy (pp. 128-149) .*

Haas, N. (2011). *Die Erfolgsfaktoren des Wissensmanagements. Berichte aus der Wirtschaftsinformatik.* Aachen: Shaker.

Hage-Malsch, S., & Heimlicher, S. (2009). Wissensmanagement-Projekte bewertbar machen. *Wissensmanagement*, (3), 33–35.

Jennex, M. E., & Olfmann, L. A Model of Knowledge Management Success. In *Strategies for knowledge management success. Exploring organizational efficacy* (pp. 14–31).

Jennex, M. E., & Smolnik, S. (2011). *Strategies for knowledge management success: Exploring organizational efficacy.* Hershey: Information Science Reference.

21

Jennex, M. E., Smolnik, S., & Croasdell, D. T. Towards Measuring Knowledge Management Success. In *Proceedings of the 41st Hawaii International Conference on System Sciences* (pp. 1–8).

Krishnaveni, R., & Senthil Raja, C. S. An Empirical Study on the Impact of KM Life Cycle Activities on the KM Benefits of IT Organizations. In *Icfai University Press 2009*.

Kulkarni, U. R., Ravindran, S., & Freeze, R. (2006). A Knowledge Management Success Model: Theoretical Development and Empirical Validation. *Journal of Management Information Systems, 23*(3), 309–347.

Lehner, F. (2014). *Wissensmanagement: Grundlagen, Methoden und technische Unterstützung* (5. Aufl). München: Hanser.

Limapornvanich, C., Gannon, M., & Lumbers, M. Critical Success Factors in KM-Based Innovative Business: Evidence From Systematic Reviews. In *Proceedings of the international Conference on Intellectual Capital, Knowledge Management & Organizational Learning* (pp. 742–749).

Lindner, F., & Wald, A. (2011). Success factors of knowledge management in temporary organizations. *International Journal of Project Management, 29*(7), 877–888.

Maier, R., & Hädrich, T. (2001). Modell für die Erfolgsmessung von Wissensmangementsystemen. *Wirtschaftsinformatik, 43*(497-509).

Martin DeCastro, G., Lopez Saez, P., Navas Lopez, J. E., & Delgardo-Verde, M. A Relational Based-View of Intellectual Capital in High-Tech Firms. In *Strategies for knowledge management success. Exploring organizational efficacy (pp. 179-191)*.

Mas-Macuca, M., & Martinez Costa, C. (2012). Exploring critical success factors of knowledge management projects in the consulting sector. *Total Quality Management, 23*(11), 1297–1313.

Moghaddam, A. Z., Mosakhani, M., & Alabeiki, M. (2013). A study on relationships between critical success factors of knowledge management and competitive advantage. *Management science letters, 3*(12), 2915–2922.

Muhammed, S., Doll, W. J., & Deng, X. Developing Individual Level Outcome Measures in the Context of Knowledge Management Success. In *Strategies for knowledge management success. Exploring organizational efficacy (pp.106-127)*.

Nonaka, I., & Takeuchi, H. (1995). *The knowledge-creating company: How Japanese companies create the dynamics of innovation.* New York: Oxford University Press.

Riempp, G. (2004). *Integrierte Wissensmanagement-Systeme: Architektur und praktische Anwendung. Business Engineering.* Berlin [u.a.]: Springer.

Smolnik, S. (2006). *Wissensmanagement mit Topic Maps in kollaborativen Umgebungen: Identifikation, Explikation und Visualisierung von semantischen Netzwerken in organisationalen Gedächtnissen. Research in Information Systems: Vol. 2.* Aachen: Shaker.

Smolnik, S. (2007). Nutzenpotenziale und Performanzmessung. *HMD, 258,* 25–34.

Subramanima, S., Moganadas, S. R., & Anbananthan, K. S. Critical Success Factors of Knowledge Management in the Malaysian Tourism Industry. In *Proceedings of the international Conference on Intellectual Capital, Knowledge Management & Organizational Learning* (pp. 521–528).

Wu, J.-H., & Wang, Y.-M. (2006). Measuring KMS success: A respecification of the DeLone and McLean's model. *Information&Management, 43*(6), 728–739.

Yu, S.-H., Kim, Y.-G., & Kim, M.-Y. (2007). Do we know what really drives KM performance? *Journal of Knwoledge Management, 11*(6), 39–53.

Zack, M., McKeen, J., & Singh, S. (2009). Knowledge management and organizational performance: an exploratory analysis. *Journal of Knowledge Management, 13*(6), 392–409.

Anhang: Tabelle Literaturauswertung

	Mas Machuca und Martinez Costa (2012)	Kimble (2013)
Studie	Mas Machuca und Martinez Costa (2012)	Kimble (2013)
Erfolgsmessung durch (abhängige Variable)	terms of organisational performance: innovative ability and activity, customer satisfaction, competitive capacity and position in the market, service and process quality, productivity and sales, and employee satisfaction and skills	
CSF-Dimensionen,...	Strategic factors: Top management support, Organizational structure, Incentives to encourage knowledge sharing, KM strategy aligned with corporate strategy. Cultural factor: Corporate culture (based on values of trust, transparency, honesty, collaboration, professionalism, flexibility and commitment). Technological factor: Measurement, Business process, Technological infrastructure	"Organizational leaders need to engage in a continuous process of modification and maintenance."
Darstellung		
Kategorisierung, übergeordnetes Modell	Strategic factors, Cultural factors, Technological factors	
WMS oder Teilaspekte	WMS für Consulting	Fallbeispiel Infosys
Differenzierte Kausalbeziehungen	CSF führen zu oder begünstigen WMS Erfolg	
Auch monetäre Größen	Evtl	

	Krishnaveni und Raja (2009)	Limapornvanich et al. (2011)
Studie	Krishnaveni und Raja (2009)	Limapornvanich et al. (2011)
Erfolgsmessung durch (abhängige Variable)	KM-Lifecycle-Aktivitäten haben einen positiven Einfluss auf Benefits; *Benefits: individual, group and organization level:* *Increased our knowledge sharing horizontally (across departments, functions or business units.)...*	
CSF, Dimensionen,...	*KShare: The results of knowledge base analysis is applied to the situation to which they are entitled to...* *KAccess: All employees are allowed access to only that part of knowledge to which they are entitled to...* *KStore: Information technology online and offline tools helps us for KM...* *KOrganize: The K portal is spanned across various categories to all organizational users with adequate categorization of information...* *KAcquire: Lessons learnt through adaption of various formal management strategies are documented and transformed to knowledge...*	Managerial Influence: Management, Support, Strategy, Measurement, Reward and recognition; Process Influence: Managing Process; Infrastucure Influence: Information technology, Resource Management; Environmental Influence: Organisational culture, Organisationl struktur
Darstellung	 Figure 2: Model Tested	
Kategorisierung, übergeordnetes Modell	KM Lifecycle: K.Acquire, K.Organize, K.Store, K.Access, K.Share, K.Apply, K.Create	Managerial Influence, Process Influence, Infrastructure Influence, Environmental Influence
WMS oder Teilaspekte	WMS	KM und Innovation Management
Differenzierte Kausalbeziehungen	CSF führen zu oder begünstigen WMS Erfolg	Ja, zwischen den CSFs
Auch moderate Größen	nein	nein

	Akhavan und Zahedi (2014)	Jennex Olfmann (2006)
Auch monetäre Größen	Nicht erkennbar, da keine Outcome rollen	Nicht erkennbar
Differenzierte Kausalbeziehungen	Ja, zwischen CSFs	ja
WMS oder Teilaspekte	In Projekt Organisationen	WMS
Kategorisierung, übergeordnetes Modell	Einteilung nach Bedeutung in den Phasen des Projektes: (1) Initiating; (2) Planning; (3) Executing; (4) Monitoring and	System Quality, Service Quality, K.Quality bestimmen Perceived Usefulliness, User Satisfaction, Net Benefits
Darstellung	*(Figure: ESI in Project-Based Organisations)*	*(Figure I. Jennex Olfman KM Success Model [16])*
CSF, Dimensionen,...	Overall items: Transparency; Senior Management Support,; Organization Wide Culture, Trust, Rewards and Incentives Items within the KM System (in absteigender Bedeutung, dem Wissensfluss folgend) **Knowledge Structure,** Knowledge Recognition, Knowledge Sharing, Knowledge Strategy, Storing Knowledge, Familiarity with KM, Education Schemes, Personal Outcome, In-	System Qulity (technical infrastructure..) knowledge/information quality (km strategy, identify critical knowledge and store it) service quality (management support and allocation of resources) bestimmen perceived benefit, user satisfaction and net benefits
Erfolgsmessung durch (abhängige Variable)	Projekterfolg	Net benefits
Studie	Akhavan und Zahedi (2014)	Jennex Olfmann (2006)

Studie	Jennex et al. (2008)
Erfolgsmessung durch (abhängige Variable)	Reflection/output of KM success: Impact on business processes: Impact on strategy, Leadership, Knowledge content
CSF, Dimensionen, ...	Antecedent of KM success: Knowledge strategy that identifies users, sources, processes, storage strategy, knowledge, and links to knowledge for the KMS. Motivation and commitment of users, including incentives and training. Intetrated technical infrastructure, including networks, databases/repositories, computers, software and KMS experts. An organizational culture and structure that supports learning and the sharing and use of knowledge
Darstellung	
Kategorisierung, übergeordnetes Modell	Dimensionen. Impact on business processes
WMS oder Teilaspekte	WMS
Differenzierte Kausalbeziehungen	Ja, Abhängigkeiten der Variablen im Ausgangsmodell.
Auch monadische Größen	Nicht erkennbar.

Studie	Moghaddam et al. (2013)	Smolnik und Riempp (2006?)
Erfolgsmessung durch (abhängige Variable)	Competitive advantage: the ability to earn ROI consistently above the average of the industry	Anzahl von Anwendersitzungen, während derer auf Einträge in Weblogs oder Wikis zugegriffen wurde (Logins oder Sessions) Nutzungshäufigkeit von Einträgen in Weblogs und Wikis wie z. B. die Anzahl von Aufru-
CSF, Dimensionen, ...	Human factors: culture, people, leadership Organizational factors: process, structure Technological factors: infrastructure, applications Management process: strategy/goals, measurement	komfortable Erstellung und Überarbeitung von Inhalten in einer täglichen Arbeitsumgebung mit dem Web-Browser als gewohntem Werkzeug, möglichst reiche Kontextbildung durch Gruppierung, Kategorisierung sowie Ver-
Darstellung		
Kategorisierung, übergeordnetes Modell	Signifikante Verbindung zwischen CSFs und CA	Nutzerpotentiale: Kostenreduktion, Zeitreduktion und Qualitätssteigerung werden durch Leistungsindikatoren gewährleistet
WMS oder Teilaspekte	WMS	Social Software
Differenzierte Kausalbeziehungen	CSF führen zu oder begünstigen WMS Erfolg	Ja
Auch monetäre Größen	is CA	ja

	Kulkarni, Ravindran und Freeze (2006)	Riempp (2004)
Studie		
Erfolgsmessung durch (abhängige Variable)	Knowledge Use	Führungsgrößen, z.B.: 90 % in weniger als 2 Stunden
CSF, Dimensionen, ...	Meßwerte aus den Bereichen Leadership, Incentive, Coworker, Supervisor, Knowledge Content Quality, KM System Quality, Perceived Usefulness of Knowledge Sharing, User Satisfaction, Knowledge Use z.B. Ich finde das richtige Wissen für meine Arbeit 1-5...	Ziele, z.B.Einbettung von WM in Geschäftsprozesse Kritische Erfolgsfaktoren, z.B.: Bereitstellung des benötigten Wissens
Darstellung		
Kategorisierung, übergeordnetes Modell	Measures of Organizational Support: Leadership und Incentive bestimmen Knowledge Content Quality und Knowledge Use	Ziele (aus den Bereichen Kompetenz, Inhalte&Kontext, Zusammenarbeit, Kultur) Kritische Erfolgsfaktoren Führungsgrößen
WMS oder Teilaspekte	WMS	WMS
Differenzierte Kausalbeziehungen	ja	ja
Auch monetäre Größen	nein	möglich

Studie	Haas (2011)	Yu et al (2007)
Erfolgsmessung durch (abhängige Variable)	WM-Erfolg bestimmt durch Leistungsfähigkeit und Leistungsbereitschaft	Performance on KM; Knowledge Qualität; User Satisfaction; Others
CSF, Dimensionen,...	Leistungsbereitschaft, Leistungsfähigkeit, Mitarbeitermotivation, Unternehmenskultur, Soziale Netze, WM-Prozesse, WM-Systeme, Systemqualität	Drivers for KM: Cultural; Structural; Technical; Managerial; Others
Darstellung		
Kategorisierung, übergeordnetes Modell	Wissensmanagementerfolg wird bewirkt durch Leistungsfähigkeit und Leistungsbereitschaft	Knowledge Quality bestimmt User Knowledge Satisfaction, beide werden durch CSF's bestimmt
WMS oder Teilaspekte	WMS	WMS
Differenzierte Kausalbeziehungen	Ja	ja
Auch monetäre Größen	nein	Nein

Studie	Lindner und Waldner (2010)	Wu und Wang (2006)
Erfolgsmessung durch (abhängige Variable)	Indikatoren zu den Items	Percieved KMS Benefits, User Satisfaction, KMS Use, Indikatoren im Anhang
CSF, Dimensionen, ….	ICT Support Nach Bedeutung: Knowledge Culture Organization of PKM and the institutionalization of multi-PKM	System Quality Knowledge Information Quality
Darstellung		
Kategorisierung, übergeordnetes Modell	PKM wird bestimm durch drei Dimensionen: Culture & Leadership, Organisation&Processes und ICT-Systems, jeweils mit weiteren Items.	Percieved KMS Benefits, User Satisfaction, KMS Use, System Quality, Knowledge Information Quality
WMS oder Teilaspekte	Projekt based	WMS
Differenzierte Kausalbeziehungen	Ja, zwischen CSFs	ja
Auch monoäre Größen	Je im CSF controlling	Nicht erkennbar

Studie	Zack, McKeen (2009)	Meier und Hädrich (2001)
Erfolgsmessung durch (abhängige Variable)		Auswirkungen auf Organisation, Communitys, Individuen
CSF, Dimensionen,....		Systemqualität, Interaktions-, Kommunikations- und Wissensqualität, Wissensspezifischer Service, Systemnutzung, Nutzerzufriedenheit
Darstellung	Figure 2 Research model results Notes: *** $p < 0.01$; NS = Non significant. KM practices are reverse coded.	
Kategorisierung, übergeordnetes Modell		Ebene System und Service bedingt Ebene Nutzung, diese dann Ebene Auswirkungen
WMS oder Teilaspekte		WMS
Differenzierte Kausalbeziehungen		ja
Auch monetäre Größen	Kein signifikanter Zusammenhang	In kleinen Anteilen bei Auswirkungen auf die Organisation

Studie	Ajmal, Helo, Kekäle	Subramaniam, Moganadas und Ananthan
Erfolgsmessung durch (abhängige Variable)	Resources growth: Knowledge content Project survival :	
CSF, Dimensionen, ...	1. familiarity with KM; 2. coordination among employees and departments; 3. incentive for knowledge efforts; 4. authority to perform knowledge activities; 5. system for handling knowledge; and 6. cultural support.	Top management leadership and support, Culture, strategy and purpose, measurement, processes and activities, organizational infra- structure, motivational aids and human re- source management5
Darstellung		
Kategorisierung, übergeordnetes Mo-dell		
WMS oder Teilaspekte	Projektbasierte Unternehmen	Tourismusindustrie in Malaysia
Differenzierte Kausalbeziehungen	CSF führen zu oder begünstigen WMS Erfolg	CSF führen zu oder begünstigen WMS Erfolg
Auch monadische Größen	ja	nein

33

Studie	Haage-Malsch und Heimlicher 2009	Cardoso, Meireles und Ferreira Peralta
Erfolgsmessung durch (abhängige Variable)	Business Cases mit monetären und nicht monetären Größen, möglichst viele bewertbar machen	Formal KM- Practices Informal KM Practices
CSFs, Dimensionen, ...		Personal Commitment Reward Based Commitment Continuance Commitment Knowledge Centered Culture Work Related Training Reining Management Procedures Formal KM- Practices Informal KM Practices
Darstellung		
Kategorisierung, übergeordnetes Modell		Commitment CSFs begünstigen Knowledge Centered Culture, diese wiederum
WMS oder Teilaspekte	Nur für Teilaspekte durchführbar oder noch nicht allgemein anerkannt?	Social Economy
Differenzierte Kausalbeziehungen	Geschätzte finanzielle Auswirkungen	Ja, zwischen CSFs
Auch monetäre Größen	ja	nein

34

Studie	Fink 2011	Muhammad, Doll, Deng 2011
Erfolgsmessung durch (abhängige Variable)	Knowledge Potential Individual Imapact	Productivity Benefits (Innovation, Performance) werden bestimmt durch Task Knowledge mit den Dimensionen Conceptual, Contextual und Operational K.
CSF, Dimensionen, ...	Knowlede Momentum (Knowledge Velocity, Person-oriented Variables = Content, Networking, Skills, Learning, Environment) Knowledge Position (System oriented Variables: Culture, Customer, Competitor, KM-System)	Organizational Factors
Darstellung		
Kategorisierung, übergeordnetes Modell	Knowledge Momentum und Knowledge Position bestimmen Knwoledge Potential führt zu Skill Acquisition Model und Performance	Organizational Factors und Individual KM Process führen zu individual KM Outcomes
WMS oder Teilaspekte	WMS, vorwiegend individuell	Individuelle Produktivität
Differenzierte Kausalbeziehungen	ja	Ja
Auch monodäre Größen	Nein	Kann intellectual capital items enthalten

35

Studie	Freeze, Kulkarni 2011	Asoh, Belardo, Crnkovic 2011
Erfolgsmessung durch (abhängige Variable)	Möglicherweise ist ein höherer Level an KC assoziiert mit höherer organizational performance (hier nicht überprüft)	OP besteht hier aus nicht finanziellen Messwerten
		KMI (KM Index) positiv related organizational performance
CSF, Dimensionen,...	Knowledge capabilities: Lessons learned Knowledge Documents Expertise Data Basierend auf individuellen Knowledge Assets	Vier Knowledge Management Processes: Identification, Elicitation, Dissemination, Utilization Diesen werden vier CSFs zugeordnet: Technology, Leadership, Culture, Measurement
Darstellung	Beschrieben durch	KMPs und zugeordnete CSFs bestimmen KMI, dieses ist verbunden mit OP
Kategorisierung, übergeordnetes Modell	KC	WMS
WMS oder Teilaspekte	Vorarbeit für Erfolgsmessung	WMS
Differenzierte Kausalbeziehungen	Nein	ja
Auch monetäre Größen	nein	nein

Studie	DeCastro, Lopez Saez, Navas Lobez, Deldago-Verde
Erfolgsmessung durch (abhängige Variable)	Intellectual Capital
CSF, Dimensionen, ...	Human Capital, Structural Capital, Relational Capital
Darstellung	
Kategorisierung, übergeordnetes Modell	Individuelle Fähigkeiten und Organisationskapital: IC = HC + SC + RC (Business Capital und Alliance Capital)
WMS oder Teilaspekte	WMS
Differenzierte Kausalbeziehungen	ja
Auch monetäre Größen	nein